घनघोर इश्क़

(कविता-संग्रह)

घनघोर इश्क़

परितोष त्रिपाठी

हिन्द युग्म

ISBN: 978-81-19555-78-9

प्रकाशक :
हिंद युग्म
सी-31, सेक्टर-20, नोएडा (उ.प्र.)-201301
फ़ोन- +91-120-4374046

मुद्रक : थॉमसन प्रेस
कला-निर्देशन : विजेन्द्र एस विज

पहला संस्करण : नवंबर 2025
मूल्य : ₹199

Ghanghor Ishq
A collection of poems by *Paritosh Tripathi*

Published By
Hind Yugm
C-31, Sector-20, Noida (UP)-201301
Phone- +91-120-4374046
Email- sampadak@hindyugm.com
Website- www.hindyugm.com

First Edition: Nov 2025
Price: ₹199

मीशा,

मेरी बच्ची तुम्हारे लिए...

अपनी बात

'मन पतंग दिल डोर' और 'चाय-सी मोहब्बत' के बाद आपके हवाले कर रहा हूँ- घनघोर इश्क़।

प्रेम यात्रा का पूरा लेखा-जोखा है इस काव्य-संग्रह में।

एक ऐसा समय आता है जब असफ़ल प्रेम प्रसंग भी उतना दर्द नहीं दे पाते, जितना उनका देना बनता है और सफल प्रेम प्रसंग भी उतनी ख़ुशी नहीं दे पाते, जितनी हम उम्मीद करते हैं। कई तरह की प्रेम कहानियों से हम गुज़र चुके हैं। अब पता चलता है, कुछ प्रेम कहानियों में सिर्फ़ कहानियाँ थीं, प्रेम नहीं था और कुछ में बस प्रेम था, कहानियाँ अपने आप बनती गईं।

कहते हैं, हमारी ज़िंदगी के ग़लत फ़ैसले अच्छी कहानियों और कविताओं को जन्म देते हैं।

'घनघोर इश्क़' अब तक की ज़िंदगी में लिए गए सारे ग़लत फैसलों को समर्पित है।

मेरे कुछ दोस्त कहते हैं, जितना अच्छा प्रेम तुम लिखते हो, उतना कर भी लिया करो और कुछ कहते हैं कि हाँ ठीक-ठाक लिख लेते हो; उन्हें कैसे बताऊँ की लिख लेता हूँ, इसलिए ठीक-ठाक हूँ।

जीवन में सब ठीक चल रहा है... आपका प्यार मिलता रहता है, अलग-अलग माध्यमों से। मेरी लिखी किताबें आपके साथ यात्रा करती हैं, आपके साथ बिस्तर पर आराम करती हैं। सीने पर रखकर जब पढ़ते हैं तो धड़कनों की रफ़्तार बदलती होगी। मुझे इसमें सबूत मिलते रहते हैं, जब आप अपनी तस्वीर भेजते हैं सोशल मीडिया के माध्यम से।

कई बार कुछ ऐसे पाठक भी मिलते हैं, जिनकी आँखें बता देती हैं कि परितोष को लिखने का काम नहीं छोड़ना चाहिए। थोड़ा समय लग गया, पर आगे से कोशिश होगी कि एक किताब से दूसरी किताब में लंबा गैप न हो।

हर बार की तरह इस बार भी मैं दिल से शुक्रिया अदा करना चाहता हूँ— बड़े भैया शैलेश भारतवासी जी का; आप इसी तरह नई प्रतिभाओं को मंच और मौक़े देते रहें।

दिव्य प्रकाश दुबे भैया का; आपकी लेखनी और आपका साहस युवा लेखकों की ताक़त है।

नीलोत्पल भइया का; आप शब्दों के जादूगर हैं।

आशुतोष भैया का; आपकी आलोचनाओं का परिणाम हूँ मैं।

गीता कपूर दीदी का; आपको पता है कि आपको क्यूँ शुक्रिया कहता हूँ।

पंकज त्रिपाठी भैया... आप हमारा ग़ुरूर हैं।

विकास बाहरी, तुमने मेरी उर्जा को नई दिशा दी है।

माई का धन्यवाद, जिसके लिए मैं सिर्फ़ सीपू हूँ।

दोनों बहनों का... जिनके लिए मैं सिर्फ़ छोटा भाई हूँ और यही बना रहना चाहूँगा।

मेरी हमसफ़र मीनाक्षी, जो न सिर्फ़ मेरी हमसफ़र है, बल्कि हमख़याल भी है।

साथ ही हिंद युग्म को शुक्रिया और हिंदी साहित्य से प्रेम करने वालों से तो मुझे 'घनघोर इश्क़' है।

-परितोष त्रिपाठी

मुंबई, नवंबर 2025

कविता-क्रम

इश्क़ हुआ तो

पहली बार होगा
या पहले जैसा होगा
अब इश्क़ हुआ
तो कैसा होगा

आँखों में नए ख़्वाब सजाएगा
पुराने ज़ख़्मों पर मरहम लगाएगा
फिर से बदन तक रुक जाएगा
कि रूह तक समाएगा

लड़ेगी आँख, फ़ोन पर बात
वही पुराना बहाना, चैटिंग सारी रात
नाम सोचेंगे बच्चों के, बचकानी हरकत सारी
रूठ-रूठ के मान जाना, फिर रूठने की तैयारी

उमर लौट जाती है, इश्क़ जवान रखता है
इश्क़ इंसान को इंसान रखता है
कुछ नया होगा या नए जैसा होगा
अब इश्क़ हुआ तो कैसा होगा!

सब इश्क़ में हैं, तो हम भी कर लें?
ट्रेंडिंग है दर्द, तो आहें भर लें?
कितने दीवाने मारे गए, देखा-देखी प्यार में
रीडेवलपमेंट शुरू हुआ, दिल के बाज़ार में

मेरे जैसा उसका भी हाल होगा
कोई ज़ख़्म होगा कोई ढाल होगा
पल भर में टूटेगा, जिसका दर्द साल-हा-साल होगा
फिर कोई दर्द देगा या बहती आँखों का रूमाल होगा

देखेंगे जैसा, जैसा होगा
अब इश्क़ हुआ तो कैसा होगा!

भरोसे की बारिश

कंधे का भार कोई नहीं देखता
सब तुम्हारे सीने का भार देखते हैं
कोई जानता ही नहीं, तुम जल्दी भरोसा क्यों नहीं करती
सब अपना-अपना ऐतबार देखते हैं

कितने अरमान अधूरे हैं दिल में तुम्हारे
तुम अकेली नहीं हो, ख़ुद हो ख़ुद के सहारे
तुम कहीं से बंजर हो, जिसकी तरावट नहीं हुई
तुम कोरा काग़ज़ हो, जिसपे कोई लिखावट नहीं हुई
तुम मूर्ति हो अभी बनी हुई
जिसकी सजावट नहीं हुई

सच ये भी तो है कि तुम्हे पसंद नहीं आता कोई कलाकार
जिसको हक़ दे सको
अपने बदन पर
अपने मन पर
मनचाहा नाम लिखने का!

अगर कभी मेरी आँखों में भरोसा झलक जाए
और तुम ठीक से भीग पाओ भरोसे वाली बारिश में
तो ज़िंदगी का ख़ालीपन दे देना मुझे
मैं तुम्हारी अधूरी कहानी लिखूँगा
जिसे पढ़कर
तुम्हें ज़िंदगी पूरी होती नज़र आएगी।

रंग

तुम वो रंग हो, जो मैंने छुआ नहीं
तुम वो ढंग हो, जो मैंने सीखा नहीं
तुम वो ख़्वाब हो, जो मैंने देखा नहीं
तुम उस फ़िल्म की हीरोइन हो
जिसकी कहानी अभी लिखी नहीं गई
तुम वो शाम हो, जो किसी के हिस्से में आई नहीं
तुम वो मिट्टी हो, जो बारिश में नहाई नहीं
तुम वो गुनाह हो, जिसकी कोई सुनवाई नहीं

तुम... तुम हो, जिसे आप कह के दूर नहीं करना
तुम लोन पर मिली मोहब्बत हो
जिसकी किश्त साँसों से है भरना

हम कहाँ-कहाँ मिलते

यहाँ बिछड़ते हैं वहाँ मिलते
जैसे बिछड़ते हैं वैसे कहाँ मिलते
इंतज़ार में बेचैनी थी शायद
वरना हम कहाँ-कहाँ मिलते

वक़्त बीत गया वक़्त देने में
मुमकिन था, उनके निशाँ मिलते
ज़िद कैसी बचपना कैसा
वो मिलते तो हैं
तबीयत से ना मिलते

सर्द मौसम में कहाँ
नेक इरादे मिलते
छोड़ दी उड़ानी मोहब्बत की पतंग
वरना छतों पर सबूत में धागे मिलते!

हमने शराफ़त दिखाई तो ग़ुरूर आया तुम में
वरना मेरी तरह हरकत करते
तुम्हारे साहबज़ादे मिलते।

वन नाइट स्टैंड

जिस्म के बदले रूह का दीदार कर बैठे
हम फ़्लर्ट के बदले प्यार कर बैठे

गुज़र जाती पिछली रात
हर रात की तरह
होती ये मुलाक़ात
आख़िरी मुलाक़ात की तरह!

हम करवट लेते सो जाते
सुबह, दोनों अजनबी हो जाते
दुबारा मिलने पर
भूलने की ऐक्टिंग मैं करता
ना याद आने का बहाना... तुम्हारा होता
ना भरती आँख हमारी
ना साला दिल रोता

हम दिन-दिन में रात का इंतज़ार कर बैठे
हम फ़्लर्ट के बदले प्यार कर बैठे।

लाल डोरी

तुम्हें सामने बिठाकर पढ़ी थी, जो नज़्म पहली बार...
याद है तुम्हें?
मुझे याद है!
जब तुमने पहली बार सुनी थी वो नज़्म...
तो चुप हो गई थी तुम देर तक के लिए।

आज मैं पूरी दुनिया के सामने पढ़ता हूँ उसे
लोग सुनते हैं बड़े आराम से
लोग जीने लगते हैं हर लाइन में ज़िंदगी अपनी
लोग मुस्कुरा देते हैं
पर हाँ, लोग आँखें चुरा लेते है!

तुमने सुनी थी
तो तुम्हारी आँखों में तैर गई थी एक लाल डोरी...

आज मैं इंतज़ार में हूँ उस लम्हे के
कि तुम्हें पास बिठाकर सुनाऊँ वो नज़्म फिर से
और मेरी आँखों की लाल डोरी
तुम्हारी आँखों की लाल डोरी से मिल जाए...
हमेशा के लिए!

चींटियाँ लग गई हैं

पहले सीख तो लेने दो मनाने का हुनर
इतनी जल्दी ख़फ़ा हुआ ना करो

जलती नहीं है सिगरेट, जलता है कलेजा
सुर्ख़ होंठों को ऐसे धुआँ ना करो

रोज़ उतारती है नज़र माँ मेरी
तुम मेरी सलामती की दुआ ना करो

सुनो...
चींटियाँ लग गई हैं
नमक के डिब्बे पे
मैंने कहा था ना
तुम कुछ भी छुआ ना करो...

रूमाल

परेशान वो देख नहीं पाती किसी को
ख़राब हमने भी अपना हाल रखा है

ख़र्च करता हूँ पर कम नहीं होता
उसकी यादों का पूरा टकसाल रखा है

बद्दुआएँ मैं उसे दे नहीं सकता
उसने ख़ुदा के नाम पर अपना नाम रखा है

न फेंको प्यार के जाल यहाँ
हमपे किसी ने इश्क़ का रूमाल रखा है

उसी की बात

उसी को सुनना
उसी को पढ़ना
उसी को भूल के
उसी को गढ़ना

उसी से करते उसी की बातें
ज़मीं से जैसे आसमाँ की बातें

उसी से मिलके ख़्वाब बुने थे
उसी से मिल के ख़्वाब चुराए
उसी के माथे रख के माथा
ख़ुशी के आँसू दोनों नहाए

उसी से मिल के नींद उड़ी थी
उसी से मिल के चैन पड़ा है

उसका नाम याद नहीं
कोई उसके बाद नहीं

उससे पूछो, कौन मैं उसका
वो मेरी चुप्पी, मौन मैं उसका

उसी का था मैं
उसी का हूँ मैं
उसी ने पूछा
उसी का हूँ मैं?

बिछड़न

कोई बिछड़ा तुमसे
कोई बिछड़ा हमसे
किसी को ग़म बिछड़ने का
कोई बिछड़ा ग़म से।

प्रेम का पहला डर है बिछड़ना
प्रेम का अंतिम सत्य बिछड़ना।

प्रेम में पड़ने
और प्रेम में पड़े रहने से
ऊब गए थे दोनों

कुछ नया नहीं था हम दोनों के पास
तो बिछड़ना हुआ

हम प्यार से बिछड़े
प्यार बिछड़ा हमसे

हाँ एक और बात...
मिली तो पलट के रोई
बिछड़ी तो लिपट के रोई।

हमारी भी तुम्हारी भी

पहली मोहब्बत थी
हमारी भी तुम्हारी भी
पहली हिम्मत थी
हमारी भी तुम्हारी भी

पहली बार धड़कन बढ़ी
हमारी भी तुम्हारी भी
पहली बात तड़पन बढ़ी
हमारी भी तुम्हारी भी

शाम थी नहाई हुई
हमारी भी तुम्हारी भी
सुबह थी अलसाई हुई
हमारी भी तुम्हारी भी

बदन की सिकाई हुई
हमारी भी तुम्हारी भी
फिर रंगीन परछाई हुई
हमारी भी तुम्हारी भी

फ़ोटो की चाहत थी बुरी
हमारी भी तुम्हारी भी
वीडियो की आदत बुरी
हमारी भी तुम्हारी भी

थोड़ी जग हँसाई हुई
हमारी भी तुम्हारी भी
कोर्ट में सुनवाई हुई
हमारी भी तुम्हारी भी

इश्क़ में छुप-छुप आँखें रोईं
तुम्हारी भी हमारी भी
इश्क़ में थी कच्ची लोई
तुम्हारी भी हमारी भी।

प्रेम परिक्रमा

हम जीवन में परिक्रमा कर रहे होते हैं
तो कभी केवल यात्रा में रहते हैं

कई साल पहले
एक ठीक ठाक-सा लड़का कहीं से आया
और उसे कहीं से आई एक ख़ूबरत लड़की मिली

दो लोगों ने अपनी-अपनी आँखों से
एक ही सपना देखा था
साथ रहने का
साथ-साथ रहने का
साथ होने का

कहीं नज़र लगी
या शायद कमी रही होगी कोई हमारी चाहत में
सपने धूमिल हो गए थे
ऐसा लगता था, कहीं सपने सो गए हैं

लंबे अंतराल के बाद...
जब आँख खुली तो पता चला
सपने मोहब्बत की बिस्तर पर करवट ले रहे थे

कर रहे थे इंतज़ार चश्मदीद बन जाने के लिए
दो के एक होने की दास्तान लिखने के लिए

आज जब एक चक्र पूरा हुआ
और शुरू हो गया नया सफ़र...
चलो, शुरू करते हैं एक नई परिक्रमा
मुबारक हो मीना

वह

कैसी है वह... सपने जैसी
उसकी बातें... अपने जैसी

उसका दिल... बोलता है
उसकी आँख... सुनती है

टूटे ख़्वाब पर हँस देती
फिर से ख़्वाब बुनती है!

उसके होंठ... नदी के दो किनारे
उसकी आँखें... पंख पसारे

उसका आना... वसंत का मौसम
उसका जाना... बेमौसम

हँसती थी बच्चों की तरह
रोती थी बच्चों की तरह

जगती थी बच्चों की तरह
सोती भी बच्चों की तरह

दूर हुई थी बच्चों से
लौट आई है बच्चों की तरह।

पहली रात

मैंने बोला ठीक है
उसने सुना ठीक है
उस रात कुछ भी ठीक नहीं था हम दोनों के बीच
और इस तरह की ये...
पहली रात थी।

सहमा था कुछ, थमा था कुछ, हुआ था कुछ
सहा था कुछ, कहा था कुछ
अना थी कुछ, सदा थी कुछ
और इस तरह की ये...
पहली रात थी।

एक-दूसरे से भाग रहे थे
रात करवट लेती रही
दोनों जाग रहे थे।

बरसात का मौसम था
बारिश... सिर्फ़ तकिये तक हुई

कितना बुरा होता है सिसकियों को ना सुनना
और कितना बुरा होता है... ना सुनना!
और ना सुनने की ये...
पहली रात थी।

बंद दोनों की बात रही
पहली बार लंबी रात रही।

ग़लती मेरी है
ना.. ग़लती मेरी है
माफ़ी ना माँगने की
माफ़ ना करने की ये...
पहली रात थी।

इश्क़ करना है ?

बिना टाइम मशीन के 20 साल का होना है ?
रात भर जगना दिन में सोना है ?

बोलो ना तुमको ज़िंदगी थोड़ी स्लो चाहिए ?
बिना मेकअप चेहरे पर ग्लो चाहिए ?

स्वाद चाहिए, तुमको खट्टी-मीठी ?
मेसेज नहीं, पढ़ा दूँ पूरानी-सी चिट्ठी ?

कहो तो तुम्हारी आदत थोड़ी ख़राब कर दूँ
पूरा वो बचपन का ख़्वाब कर दूँ

हॉरर फ़िल्म देख के नक़ली डरना है ?
बच्चों की तरह आवाज़ वाली किस्सू करना है ?

और ना जाने क्या-क्या पागलपन
लिस्ट लंबी है
और चाहत उससे भी ज़्यादा

मेरा आँखों में दिख जाता है
तुम बताओ अपना इरादा...

किसी पर्ची पर लिख के दूँ
या याद रहेगा
'घनघोर इश्क़'

जी हाँ...
बस यही करना है
ऊपर लिखा सब अपने आप हो जाएगा।

प्रयोगात्मक प्रेम कविता

मोहब्बत हमारी कैसी थी
बिहारी के लिए यू.पी.एस.सी थी

हाँ सच में!
हमने अपने सारे अटैंप्ट्स ख़र्च कर दिए
ज़ालिम हर बार हमसे उम्मीद के फ़ॉर्म भरवाती थी

साइंस वाले एक्सपेरीमेंट्स करते हैं
गोरिल्ला पर, चूहों पर...
और प्यार वाले प्रयोग करते हैं
एकतरफ़ा चाहने वालों पर!
तो वो कर रही थी, प्रयोग
या हम ही प्रयोग थे, जो प्यार कर गया हमारे साथ

ख़राब हैंडराइटिंग वालों को
प्लेन शीट पर नहीं लिखना चाहिए
उसने कहा तो था ऐसा कुछ, पर क्यों?

बोलती हुई सुंदर बहुत लगी थी
बात?
ना पागल
वो
ना ना, वो पागल नहीं
जवाब बस वो था, हाँ वो सुंदर लगी थी
प्रेम में बस सुनाई देता है
समझ में तो बाद में ही आता है

मुश्किल था, बंदी की बात में कोई तुक निकाल लेना
जैसे इस कविता से तुकबंदी का लेना-देना

अनूठा है, शायद मेरे हिस्से का प्रयोग है
वाह राइमिंग, हा हा हा संयोग है
विषय हमारा प्रेम था
पर उसका विषय प्रेम नहीं था

चुपके से उसने औरों के साथ,
मेन्स (MAINS) लिख डाले थे
हर दिन निगलता है प्यार किसी को,
इस बार हम निवाले थे...

सरकारी काम

प्यार नौकरी है
फ़ुल टाइम नौकरी
दिल नौकरी पर है
उनके लिए, धड़कना है, तड़पना है, आना है
उन्हें कहना है, दिल में सहना है
पर दिल में दिल की बात रह जाती है

आँखें भी काम पर हैं
इश्क़ वाली आँखें क्या-क्या करती हैं
सुनती हैं, कहती हैं, देखती हैं
नज़र समझती हैं
नज़ारे समझती हैं
बात समझती हैं
इशारे समझती हैं

मन काम पर है
उनका मन हुआ तो मन इनका ठीक होगा
और इनका मन ठीक हुआ
तो मन कहीं और लग रहा होगा

होंठ काम पर हैं
अक्सर चुप रहना है उन्हें
कि रिश्ते चुप ना हो जाएँ

पूरा बदन काम पर है
जब तक, बदन काम का है

नौकरी आसान नहीं है
टूटे दिल बदल दिए जाते हैं
मरम्मत की कोई दुकान नहीं है

आजकल का इश्क़, 'प्राइवेट जॉब'
हमारा वाला 'सरकारी' था
हाँ सरकारी!

वो ना हाँ करती थी, ना ना करती थी
सरकारी काम-सा, लटका रहा प्यार हमारा...

नमक हरामी

फैलते काजल की फ़िक्र है मुझे
आँख फिर से सुनामी नहीं होगी

नज़र उठा के देखूँगा नहीं अब से
फिर रिश्तों की नीलामी नहीं होगी

दोनों सीख गए हैं झूठ बोलना
किसी में कोई ख़ामी नहीं होगी

उसकी बहती आँखों को चूमा है
इश्क़ में नमक हरामी नहीं होगी।

समंदर

जिन नदियों को
समाना पड़ा है
समंदर के आग़ोश में
वो रोती हैं
समंदर बेवजह खारा नहीं होता है

मछली

मछली करती रही इंतज़ार...
सारी रात पानी में

वो आया नहीं लौट के...
सारी रात पानी में

पानी फिर बढ़ेगा...
सारी रात पानी में।

परछाई

ज़हर बन के आई
हमने मोहब्बत कर ली परछाई से

किश्तों में जान
जान निकलती है अब तन्हाई से

मेरी ईमानदारी के गले पर
रंग ज़हर है

नीला पड़ा है गिरेबान
नफ़रत की रँगाई से

ना उतारा हममें जिगर तक
ना थूक दिया बाहर

सँभाल के रखा है
जैसे सँभालते हैं दौलत
औलाद की कमाई से..

रोज़ भुलाया करता हूँ

तू डरती क्यों है बदनामी से
मैं तुझे 'बस दोस्त' बताया करता हूँ
हो ना जाए कहीं मोहब्बत फिर
मैं शाम घर में बिताया करता हूँ

जाती नहीं मेरे होंठों से
लाली तेरे होठों की
मैं मजबूरी में पान चबाया करता हूँ

नहीं मिटता है फिर भी
तेरा नाम बदन से
मैं टैटू को टैटू से छुपाया करता हूँ

सब ख़त्म हुआ
सिर्फ़ पागलपन बचा है
होना नहीं बड़ा
घर वालों की नज़र में
मैं तो माँ से भी उम्र छुपाया करता हूँ

मैं तुझे रोज़ याद करता हूँ, रोज़ भुलाया करता हूँ
रोज़ याद करता हूँ, रोज़ भुलाया करता हूँ
रोज़ याद करता हूँ। रोज़ याद करता हूँ...

भुलाया याद करता हूँ, याद भुलाया करता हूँ

क्या कह दिया!
रोज़ याद करता हूँ, रोज़ भुलाया करता हूँ...

सब अच्छा है

कोई कहे, 'सब अच्छा अच्छा है'
तो भी मिल लेना

वो कह दे ना, 'ना, उदास नहीं हूँ'
तो भी मिल लेना

वो हमेशा मुस्कुराता हो
तो हाल पूछ लेना

वो रोने से कतराता हो
तो सवाल पूछ लेना

पूछ लेना उससे
'रोज़ मोटिवेशनल क्यों डालता है?'
पूछ लेना उससे
'पास्ट की बातें क्यों टालता है?'

दाढ़ी-मूँछ आई है पर
बच्चा लगता होगा

शौक़ से नहीं आए डार्क सर्कल्स
रातों को जगता होगा

पूछ लेना
'नींद क्यों नहीं आती है?'
पूछ लेना
'मोहब्बत दूर क्यों जाती है?'

तुम एक बार सुला लेना उसे पाँव पर
हाल पूछना महरम होता है घाव पर

ज़िंदगी

मैं ये नहीं कहता
तुम मेरी ज़िंदगी में लौट आना

तुम बस लौट आना
तुम्हारा लौटना ही ज़िंदगी है...

हँसते हैं दुनिया वाले

हँसते हैं दुनिया वाले, मौज लेते हैं संघाती
गाँव में पैदा हो गए ये जॉर्ज बुश के नाती

पाँच सात का हाइट
फ़्यूचर में लाल लाइट
खेतों से उड़ाएँगे इंटर नेशनल फ़्लाइट

सपनों में इनकी रानी
अँग्रेज़ी में गरियाती
जॉर्ज बुश के नाती
पगलू जॉर्ज बुश के नाती

वादे का पक्का
इरादा है सच्चा
घोषित कुँवारे हैं, बीवी ना बच्चा

अमेरिका की चिंता
हर पल सताती
जॉर्ज बुश के नाती
ब्रो जॉर्ज बुश के नाती

जनम नाहीं लिए ये अवतार लिए हैं
बिना खंभे ये बिजली का तार लिए हैं
उड़ता तीर को पीछे हर बार लिए हैं
बुझती आँखों से सपने उधार लिए हैं

कहीं दूल्हा है ग़ायब
कहीं ग़ायब बराती
जॉर्ज बुश के नाती
भैया जॉर्ज बुश के नाती

हाँ हाँ जॉर्ज बुश के नाती
पूकी जॉर्ज बुश के नाती

प्यार हो जाना

उससे बिछड़ के, बीमार हो जाना
इसी को कहते
प्यार हो जाना

कहते हैं मुझसे, कहने वाले
ऐसे कैसे हर बार हो जाना ?

इश्क़ जब हो जाए हमसे कट्टी
दिल के काउंटर पर क्लोज़्ड की पट्टी
उसी काउंटर पर बार-बार जाना
इसी को कहते
प्यार हो जाना

हम दोनों पर लगा था पहरा
घाव है दिल पर अब तक गहरा
गर्दन पर तलवार हो जाना
इसी को कहते
प्यार हो जाना

लाइक कमेंट से परे है प्यार
उमर बूमर से परे है प्यार
दूर हो के भी दूरियाँ नहीं होतीं
दिल पे कभी
झुर्रियाँ नहीं होतीं

धड़कन में रफ़्तार का आना
इसी को कहते
प्यार हो जाना।

पर्ची

सुकून

सलीक़ा

साफ़गोई

सहनशीलता

और भी काफ़ी कुछ माँगा है मैंने उससे

उसने मुझे उम्मीद की पर्ची पकड़ा दी है।

रियायत

कितनी रियायत दूँ इश्क़ में?

तू नाराज़ हो तो कह दूँ
कम बोलती है
सच में बहुत बुरा हूँ मैं
तू कितना झेलती है

कितनी रियायत दूँ इश्क़ में?

दूरियाँ नज़र आती हैं ज़माने को
तू तो ख़ला चाहती है
तू चिल्ला पड़े तो मान लूँ
मेरा भला चाहती है

कितनी रियायत दूँ इश्क़ में?

ज़माने को सुने तू बेरहम
बस मैं चुप्पी साध लूँ

छूना मेरा गवारा नहीं तुझे
मैं प्यार के हाथ बाँध लूँ

कितनी रियायत दूँ इश्क़ में ?

तू ताउम्र मुझपे हक़ जता सके
मेरे सिवा कोई पसंद आए
तो बता सके

ग़ुस्सा

ग़ुस्से में
एक करवट
कितनी लंबी होती है

माफ़ी

छोटा भाई माफ़ी माँग के बड़ा हो गया
टूटा घर, उठ के खड़ा हो गया।

तितली

मादा तितली
अपने अंडे रखती है पौधों के नीचे
उसमें से एक कीट निकलता है
जिसे कैटरपिलर कहते हैं

कैटरपिलर लार्वा खाता है पत्तियों को
फिर एक कवच तैयार होता है
जिसे प्यूपा कहा जाता है
उसे तोड़कर उसमें से निकलती है नई तितली

ये है मानना साइंस का
और यह है तितली बनने की प्रक्रिया

साइंस को समझ गए

अब बात आर्ट की...

तितली छोटी हो
बड़ी हो

बूढ़ी हो
ख़ूबसूरत हमेशा रहती है
उसे किसी एंटी एजिंग दवा की ज़रूरत नहीं होती
सुंदरता उसके भीतर है

उदास हो तो भी बेरंग नहीं होती है तितली

हाँ...

उसे पसंद नहीं है ज़ोर-ज़बरदस्ती
उसे पसंद नहीं किसी के अधीन रहना
उड़ना पसंद है
और...
अपनी मर्ज़ी से

बिना बोले कितना कुछ बोलती है तितली

उसे पकड़ना नहीं
वह ख़ुद आकर बैठ जाएगी
तुम्हारे पास
तुम्हारे कंधे पर
तुम्हारे हाथ को चूम लेगी

बस तुम उसके पसंदीदा पुरुष होने चाहिए
भरोसे वाला
साथ वाला

प्रेम वाला
वरना चली जाएगी
और बस... चली जाएगी

हौले से सँभालना होगा उसे

ना पकड़ना परों को ज़ोर से
रंग छोड़ के हाथों में
चली जाती है तितली।

गुल्लक

पैसे तो नहीं जमा किए कभी
कुछ सपने जमा किए थे

दो लोगों ने
चार आँखों से
एक जैसे सपने देखे

बिखर ना जाएँ सपने
इसका डर बना रहता है

तो रख दिया था सँभाल के
उन सपनों को साझे की गुल्लक में

एक ने अपने हिस्से की गुल्लक तोड़ दी
सपने दोनों के मर गए।

बचपन का नाम

कल दाढ़ी में एक सफ़ेद बाल देख के
परेशान हुआ था मन

तभी माँ ने बचपन का नाम पुकारा
सब ठीक हो गया...

माँ के लिए

मेरे हिस्से का जगती है
मेरे हिस्से का सो जाती है माँ

सारे बच्चे लगते हैं एक से
सबकी हो जाती है माँ

ना करती दिखावा इबादत का
बस भूखे को खाना खिलाती है माँ

धुल जाएँ बर्तन बैर के
आँखों से गंगा बहाती है माँ

ये दुनिया होगी दुनिया के लिए
मेरे लिए मेरी दुनिया बनाती है माँ...

बाप

जो बिना आँसू
बिना आवाज़ के रोता है
वो बाप होता है

जो बच्चों की क़िस्मत के छेद को
अपनी बनियान में पहन लेता है
वो बाप होता है

सच है...
माँ रखती है 9 महीने कोख में हमें
पर जो 9 महीने दिमाग़ में ढोता है
वो बाप होता है...

घर में जब सबके नए जूते आते हैं
बाप के तलवे घिस जाते हैं
जो अपनी आँखों में दूसरों के सपने सँजोता है
वो बाप होता है

बाप रखवाला होता है

बाप निवाला होता है
बाप अपनी औलाद से हारकर, मुस्कुराने वाला होता है

बाप करता है, कहता नहीं
जब बाप समझ में आए
तब तक वो पास रहता नहीं।

पापा भी ना!

मुझे जन्मदिन पर नये कपड़े दिलाए
नये जूते भीज़

नये कपड़े पहन के मैंने सोचा
उनके पाँव छू लूँ
आशीर्वाद ले लूँ

जब पाँव छूने गया
तो देखा
पापा की चप्पल टूटी हुई थी...

आँगन

जब घर में लोग ज़्यादा हों
और कमरे कम
या जब कमरे ज़्यादा हो जाएँ
और लोग कम
बड़ा अजीब होता है ना?

आजकल कई घर ऐसे हैं
जहाँ घर काटने को दौड़ रहा है

घर तो बस काटने को दौड़ रहा है
पर लोग...
लोग तो कटने के लिए दौड़ रहे हैं

चाहते हैं घर कमरों में बँट जाए
चाहते हैं, भाई से भाई कट जाए

भाग रहे हैं इस नौकरी से उस नौकरी में
छोटे दफ़्तर से बड़े दफ़्तर में

जितने बड़े दफ़्तर हैं
घर उतना ही छोटा होता जा रहा है

पहले दुख होता था
जब कभी किसी आँगन में तुलसी सूख जाती थी
आजकल आँगन सूख गए हैं

कहानी में हैं
किताबों में हैं
पुरानी फ़िल्मों में हैं
इरादों में हैं
अब तो बस यादों में हैं

आँगन की धूप
टाइम बताती थी
पहली बारिश
आँगन में ही आती थी

सबके हिस्से का आसमान नज़र आता था
आँगन में रात को चाँद उतर जाता था

ओसारे को
आँगन ना होने का मलाल होता था
जब आँगन
औरतों का चौपाल होता था

आँगन में होती सुबह
आँगन में शाम करते थे
कमरे आँगन में ही तो आराम करते थे

एक दिन आँगन में बँटवारा हुआ
पानी घर का खारा हुआ
दीवार उठी रिश्तों में
बदनाम आँगन बेचारा हुआ

गुलमोहर

गुलमोहर पर हैं फूल कई
अपने रंग अपनी-अपनी मर्ज़ी के
खिलते हैं तो ऐसे
जैसे रंग उधार दे रहें हो सूरज को
और बेरंग होते हैं तो ऐसे
जैसे बीमार है सूरज बादलों की चारपाई पर

ख़ैर फूलों की अपनी दुनिया है
उनकी बातें आसमानी हैं
उन्हें नहीं रहना है बँध के
डालों और शाख़ों के मकान में
उन्हें मुरझा जाना पसंद है
अपनी शर्तों पर

शाख़ लाचार है
इन फूलों के आगे
कभी-कभी मन करता है उतार के रख दे
फूलों को ज़िम्मेदारी के कंधे से
और रहे बिन औलाद

सूख जाए
जल जाए
या फिर टूट जाए कहीं किसी वक़्त की आँधी में

पर टिके रहना है उसे

अब रही बात जड़ों की
तो जड़ों का क्या ?
ख़ामोश दफ़्न हैं वो
देख रही हैं तमाशा
पेड़ के लकड़ी का गट्ठर हो जाने तक।

दिल्ली

मुखर्जी नगर
राजेंद्र नगर
पटेल चेस्ट
और भी कुछ इलाक़े
जानते हैं आप! लोगों से ज़्यादा यहाँ सपने घूमते हैं

नाज़ुक होते हैं सपने
ना सँभालो तो एक दो अटैंप्ट्स के बाद
टूट के बिखर जाते हैं

ये सस्ते लिबास में महँगे सपने
लोग उठा लेते हैं इनका फ़ायदा
इसी फ़ायदे में नुक़सान होता है कई परिवारों का

कई सालों से इन सपनों को
सीलन वाली जगह में क़ैद किया जाता रहा है
जैसे दड़बे में रखी जाती हैं मुर्ग़ियाँ
जैसे बंधक बनाए जाते हैं मास्टर माइंड

जैसे माइंड वॉश करने के लिए
ले जाते हैं जवान ख़ून को
किसी सुरंग के रास्ते गर्त तक

आदत है सामने देखने की
ऊपर देखने की
इसलिए किसी की नज़र जाती नहीं थी
इन क़ैदख़ानों की तरफ़

एक दिन सबको पानी ले गया रास्ता दिखाने

कुछ किताबें पानी में तैर रही हैं
कुछ सपने डूब गए
कुछ अपने डूब गए
अब तक भीगी हैं माँ-बाप, दोस्तों की आँखें

इतना कुछ हो गया
और कहते हैं, दिल्ली में पानी की क़िल्लत है।

हम सब मज़दूर हैं

आपकी महँगी गाड़ी चलाने वाला
अक्सर पैदल घर जाता है

करोड़ों की रखवाली करने वाला
वक़्त पे पगार नहीं पाता है

भूखा रहता है एक वक़्त जो आपके लिए
आधे घंटे में पिज़्ज़ा पहुँचाता है

फटे कपड़ों से जाने कैसे तन ढँकता है
समाज में जो बुनकर कहलाता है

बारिश में छत टपकती है उसके घर की
जो आपके लिए बड़ी-बड़ी इमारतें बनाता है

बेटी को पीतल की बालियाँ नहीं दे पाता
जो ख़ुद को सोने की खदान में तपाता है

हर मुसीबत में वो सड़क पर आ जाता है
क्या इसी दिन के लिए वो सड़कें बनाता है ?

व्यंग बाण

ओढ़-ओढ़ के घूमते
सब नक़ली नक़ाब
देश को क्या देंगे
देंगे क्या ख़्वाब

बुड्ढे किसान मरते हैं खेत में
यंग हिंदुस्तान बिज़ी है नेट में

मीडिया सोशल नहीं, एंटी सोशल है
रील में उलझा देश का कल है

तोता बने सब, कितना रटेंगे
बँटेंगे तो घटेंगे
घटेंगे तो कटेंगे

इंस्टा पे बनती-गिरती सरकार है
कॉमेडी का अड्डा टीवी समाचार है

बातों में है तीर, बातों में कमान है
इंटरनेट पर उँगलियाँ
हिंदू-मुसलमान हैं

बेरंग होगा
जब रंगों में बटेंगे
बटेंगे तो घटेंगे
घटेंगे तो कटेंगे।

सोशल मीडिया का अंधा युग

यह मेरा फ़ेसबुक है
ये मेरा इंस्टाग्राम है
ये मेरा ट्विटर है
ट्विटर... अस्वस्थ-थामा का

जिसकी आईडी मैंने ख़ुद बनाई थी
यही एक काम है जिसे मैं शिद्दत से करता हूँ

आज जब मैंने देखा किसी का अच्छा स्टेटस
ज़हर उगल दिया मैंने कमेंट के नाम पर

भूल नहीं पाता हूँ कमेंट में गाली देना
फ़ालतू बहस करना
ट्रोल करना
पर्सनल में जा के उँगली करना
कटाक्ष मारना

कई बार मैंने खाना-पीना छोड़ के
पहले बीजेपी-कांग्रेस के झगड़े निपटाए हैं
न्यूज़ से ज़्यादा अपडेट मेरे पास हैं

मुझे कुछ समझ में नहीं आता है
तो मैं फ़िल्म लाइन वालों को गाली देता हूँ

कुचले हुए सर्प से अधिक भयावह मेरा अँगूठा है
जिसमें दुनिया भर की ताक़त है

घर में मेरी कोई नहीं सुनता
मोहल्ले में दोस्त नहीं हैं
पर फ़ेसबुक पर दुनिया बसाना चाहता हूँ

घर से ज़्यादा मैं दूसरों के पेज पर लटका रहता हूँ
पके हुए आम-सा
जो टपक पड़ता है किसी भी पोस्ट पर

एकलव्य यह सब नहीं करता
शायद गुरुजी को उसके बारे में आइडिया था
तभी उन्होंने अँगूठा माँग लिया
अस्वस्थ थामा
(इंद्रप्रस्थ मेट्रो के पास वाली गली से)

CHUBBY लड़कियाँ

फ़ैशन में दबी लड़कियाँ
क्यूट होती हैं... Chubby लड़कियाँ

कमतर आँकता हर मर्द होता है
लाइफ़ में EX & XL का दर्द होता है

बातों में गर्मी होती है
बदन में नरमी होती है

सुकून का सिरहाना होती हैं... Chubby लड़कियाँ

इस बात पर ख़ुद से क्या लड़ना
अजी बदन का तो काम है बढ़ना

मायूसी में भी शाद होती हैं
टुकड़ा नहीं पूरा चाँद होती हैं

Nature से Lovey Dovvey लड़कियाँ
बड़ी Cute होती हैं... Chubby लड़कियाँ

REEL वाली लड़कियाँ

उतरना है उन्हें आँखों में
कहीं गहरी झील में
वो नज़र आती हैं एक कमरे के मकान में
उससे ज़्यादा किसी Reel में

सबका Morning हो Good
सबका weekend हो Awesome
सबसे पहले इनके message में आता है मानसून
सबसे पहले आता है बारिश का मौसम

उस तरफ़ नहीं है हरियाली, ना Grass कोई Green
अकेलेपन में कोई नहीं है साथ
साथ है केवल Mobile का Screen

किसी तकिया, किसी Teddy का नाम रखा
जोड़ लिया उसेसे अपना Emotion
आँखों में छुपा लिया है सारा Frustration

रात देर रात तक होती है इनके घर में
सुबह को, सुबह नहीं देखा शहर में

घर की अलमारी का शीशा इन्हें पूरा देखता है
लोग आधा देखना पसंद करते हैं

आते-जाते देखते हैं
ज़रूरत पड़ने पर आँख बंद करते हैं

ये भूख की मारी लड़कियाँ
कितनी रातें Maggie में गुज़ारी लड़कियाँ
मासूमियत का Abortion करा चुकी हैं
कई बार ये कुँवारी लड़कियाँ

निवाला हैं ये ज़माने के लिए
लोग घर बुलाते हैं खाने पे
खाने के लिए।

दाने मटर के

सुंदर से घर में रहती हैं तीन बहनें
जैसे रहते हैं छिम्मियों में
छोटे-छोटे तीन मटर के दाने

साथ रहते हैं
एक-सी चद्दर डाले
एक रंग रूप वाले
पर जुदा ख़्याल वाले

हाथ पकड़े सँभाला है
जब-जब धूप आने वाली है
या कोई तूफ़ान आने वाला है

एक मटर के दाने से
भूले से
अनजाने से
मिलना हुआ
जैसे मिलती है मज़दूरी
फ़सल के रखवाले को लंबे इंतज़ार के बाद

हमने पकड़ा हाथों से
हमने सँभाल रखा बातों से
शायद पसंद आई हाथों की गरमाहट
वरना
महफ़ूज़ दुनिया छोड़ के कौन थामता है कोई अनजान हाथ

हाथों से मटर के दाने
रिश्ता क़ायम कर रहे हैं
रिश्तों की नाज़ुकी बनी रहे
वरना कहीं फिसल ना जाए हाथ से
जैसे फिसल जाते हैं कितने लम्हे।

नॉन फ़िल्मी

आँखों पर नज़र का चश्मा
चंपी वाले बाल लिए
फ़िल्मी पार्टी में आने वाली पहली लड़की थी

झूठी हँसी, झूठी तारीफ़ और झूठे माहौल में नाचता
आँखें छोटी कर के, नाक सिकोड़कर
पूरा हॉल उसे देखता रहा

बड़ी हिम्मती थी वो लड़की

कॉफ़ी वाली मीटिंग के बाद
बाहर कहीं चाय खोजने वाली
मिठाई से दूर रहने वाली दुनिया में, खीर खाने वाली

'महँगा जिम लोग सेहत के लिए नहीं
करियर के लिए जॉइन करते हैं'
एक दिन बारिश में दौड़ के बता रही थी

वो खुल के हँसने वाली लड़की

‘नए लोगों को काम का बुलावा ज़रा देर से आता है
बेवजह मिलने का न्योता, जल्दी मिलने लगता है
रात वाली पार्टी का न्योता, समझते हैं आप ?
रात वाली पार्टी
हर बात वाली पार्टी
निवाले वाली पार्टी
खा जाने वाली पार्टी
बहलाने वाली पार्टी
डराने वाली पार्टी
तेज़ शोर में नहाने वाली पार्टी
किसी की चीख़ छुपाने वाली पार्टी’

इस शहर में तीन साल बिताने के बाद
अब खुल के नहीं बोलती
फ़ोन सारी रात बजता है उसका
वो कॉलर ट्यून चेंज करने वाली वाली लड़की

अचानक मिली एक दिन
लगवाए हुए नाख़ून और हटाए हुए कलावा वाला हाथ
बढ़ा के बोली
‘यह नया फ़ोन गिफ़्ट मिला है
एक है मेरा दीवाना’
और तब तक कोई और आदमी जैसा आदमी
उसको कमर से पकड़ के
बोर्डिंग गेट की तरफ़ ले जाने लगा

मैंने पूछा,
'ये दीवाना है?'
उसने बोला,
'ये भी है दीवाना'

हो गई है फ़िल्मी स्टाइल में इतराने वाले लड़की।

सिग्नेचर

देखने में तो बस एक
आकृति है सिग्नेचर
पर उम्मीद की डोर आगे बढ़ जाने की
स्वीकृति है सिग्नेचर

सफलता की ताजपोशी है सिग्नेचर
बेगुनाह की सज़ा में दोषी है सिग्नेचर

किसी स्टार के लिए
फ़ैन पेज पर प्यार है सिग्नेचर
दफ़्तर के चक्कर लगाने वाले से पूछो
इंतज़ार है सिग्नेचर

किसी के लिए खेल है
किसी के लिए हथियार है सिग्नेचर
किसी रिपोर्ट कार्ड पर
आँसुओं की धार है सिग्नेचर

बात जान पर बन आई है
अब तो मददगार है सिग्नेचर

बेटों के बीच टल गया फिर से बँटवारा
माँ का अधिकार है... सिग्नेचर

फिल्लम वाले

हम लपेट लेते हैं फ़ेम की चादर
हम ओढ़ लेते हैं स्टार्डम की छतरी
हम पहन लेते हैं चश्मा चकाचौंध का

हमें लोग देते हैं इज़्ज़त
जितनी देनी है उससे ज़्यादा
बहुत ज़्यादा
और हम बेशर्म बन के मान लेते हैं ख़ुदा
अपने आप को

मान लेते हैं कि हम हैं राजा-रानी
और बाक़ी सब
काम करते हैं
राजा-रानी के लिए

लोग भागते हैं हमारे आगे-पीछे
मुस्कान पहन के
घबराहट छुपा के
मजबूरी दबा के

जाने हम कब समझेंगे
वो हमसे दूर नहीं हैं
वो किसी स्टार के लिए
मजबूर नहीं हैं

वो वो नहीं हैं
वो वजह हैं हमारे बनने की
वो और हम मिल के बनाते हैं कुछ ऐसा
जिससे उन्हें मिलता है सुकून
हमें बस पैसा

वो मज़बूत हाथ-पाँव हैं हमारे
जो करते हैं काम मेहनत का
हमारे बदले

हम केवल मुँह हैं
जो दिखता है दाँत निपोरे
बाँध दिया जाता है जीत का सेहरा जिसके सर पर

हम नक़ली लोग हैं
जो ख़ुद को एक्टर समझते हैं

असल में ऐक्टिंग वो कर रहे हैं
जो पीछे हैं परदे के
जो पीछे हैं मेहनत के

जिनको जाने क्या हुआ है
पागल लोग हैं
जो सेट पर सबसे पहले पहुँच जाते हैं
और अपने घर जाते हैं
सबके घर पहुँच जाने के बाद
या सबके घर बना लेने के बाद

जिनको अपना मुँह फ़ेमस नहीं करना है

हम कैसे स्वार्थी हैं
हम भूल जाते हैं

उस कैमरामेन को
जो ख़ुद के अलावा बाक़ी सब दिखाता है

उस मेकअप वाले को
जो चेहरे के पिंपल्स और आँखों की झाँई छुपाता है
जो रात के लव बाइट्स पर बेस की मोटी परत लगाता है

वो साँवली-सी हेयर दीदी
जो नक़ली मुँह पर भी नज़र का टीका लगाती है

हम नज़र उठा के देख नहीं पाते लाइटमैन को
जो है तराफे पर गर्म लाइट के साथ
वो भूल चुका है अपने भीतर की तपिश को

जो आग लेके वो आया था इस माया की नागरी में
हाँ वो भूल चुका है
उसके 10/10 के कमरे में बाथरूम का बल्ब ख़राब है
जिसे लगवाने की फ़ुर्सत नहीं है
उसे अँधेरे में रहना है
उजाले में तो स्टार रहते हैं

हम भूल जाते हैं नाम
कई प्यारे ईमानदार लड़कों का
जिनको 20 की उमर में
'ची ची...'
'अरे'
'ओए दादा'
और जाने क्या-क्या नाम से बुलाते हैं

कितना कुछ भूल जाते हैं हम
हाँ...
कुछ याद भी रहता है हमें
अच्छी तरह से याद
अपनी को-एक्ट्रेस का नाम
उसका नया पता
उसके पैट का नाम
उसके साथ गोवा जाने का प्लान
उसके साथ नाइट आउट का इरादा रखना
अपने काम पर कम उसपर नज़र ज़्यादा रखना

और हम भी महान बनने की होड़ में
लिख देते हैं ऐसी हल्की
कविता
कहानी
लगा देते हैं, कुछ ऐसा स्टेटस
जैसा मैं ख़ुद कर रहा हूँ

इस वक़्त अपने मेकअप रूम में बैठ के
थकने की कर रहा हूँ ऐक्टिंग
जब ऐक्टिंग कर के थक जाऊँगा
तो ज़ोर से आवाज़ लगाऊँगा
'दादा पानी पिलाना'
जिसकी ज़रूरत उनको ज़्यादा है हमसे

कलाकार

हम कई नाम और कई चेहरे वाले हैं
हम कभी आवाज़ और कभी ख़ामोशी ओढ़ के
घूमते हैं परदे पर

हम जीते हैं
पर ज़िंदगी हमारी नहीं होती
हमारे इमोशंस उधार के होते हैं
हँसी, आँसू, मुस्कान, ग़ुस्सा, प्यार
सब नक़ली होता है
असली का चेहरा पहन के...

हमें बेचने वाले बनिये की दुकान के वो तराज़ू हैं
जिसपर आर्ट का व्यापार होता है
कभी ईमानदारी से
कभी बेईमानी से

हम प्रॉडक्ट हैं और हम ही दुकानदार
हम व्यापारी हैं और हम ही कलाकार

इस काल्पनिक पात्र और घटनाओं वाली दुनिया में
सब बिकाऊ है...

कभी-कभी हम दुकान और दुकानदारी
दोनों भूल जाते हैं
और बिना दाम लगाए
बिना ईमान गँवाए
बिक जाते हैं मोहब्बत में

इसी भूल की वजह से हमारे भीतर का
कलाकार ज़िंदा रहता है...